BOSQUEJOS DE SERMONES SOBRE EL SERMÓN DEL MONTE

BOSQUEJOS DE SERMONES SOBRE EL SERMÓN DEL MONTE

Charles R. Wood

EDITORIAL PORTAVOZ

Título del original: *Sermon Outlines from the Sermon on the Mount*, por Charles R. Wood, ©1986 por Kregel Publications, Grand Rapids, Michigan 49501.

Título en castellano: *Bosquejos de sermones sobre el Sermón del Monte*, ©1996 por Editorial Portavoz, filial de Kregel Publications, Grand Rapids, Michigan 49501, EE.UU.A. Todos los derechos reservados.

Portada: Alan G. Hartman
Traducción: José Luis Martínez

EDITORIAL PORTAVOZ
Kregel Publications
P. O. Box 2607
Grand Rapids, Michigan 49501

ISBN 0-8254-1902-6

2 3 4 5 edición/año 00 99 98

Printed in the United States of America

CONTENIDO

ÍNDICE DE TEXTOS BÍBLICOS

INTRODUCCIÓN

El Sermón del Monte ha sido motivo de mucha discusión. Algunos lo han visto como la declaración del código ético y el modelo de comportamiento que se requiere para agradar a Dios, y han enseñado que contiene las instrucciones necesarias para la salvación mediante buenas obras. Otros han ido en otra dirección y han sostenido que es el manifiesto de un reino que fue ofrecido a los judíos, pero que al rechazarlo ellos quedó entonces pospuesto para alguna fecha en el futuro. Como tal, se considera que tiene poca o ninguna relevancia para hoy.

El compilador de este libro no subscribe ninguna de esas posiciones. La salvación es por gracia, por medio de la fe, sin necesidad de buenas obras para conseguir méritos. Una comprensión clara del Sermón revelará que las demandas de la enseñanza son tales que nadie puede cumplirlas sin ayuda divina. Es decir, no reemplaza a la fe en Cristo crucificado como un medio de salvación. También rechazamos la idea de un reino «pospuesto» porque tal idea es incompatible con la soberanía divina e innecesaria a la luz de una interpretación cuidadosa. El Sermón habla a las condiciones actuales, trata con los problemas de hoy y tiene que ver con nuestras situaciones presentes.

La posición expuesta en estos bosquejos de sermones es que el Sermón del Monte contiene enseñanza específica sobre el cristianismo básico, que define la naturaleza de tal cristianismo y demuestra con claridad cómo debe ser y actuar todo aquel que profesa dicho cristianismo.

Los sermones son expositivos en naturaleza, esto es, están basados en un examen cuidadoso del texto bíblico, procurando analizar el pasaje, estudiar su contenido y —en la medida de lo posible— dejar que el bosquejo surja de manera natural del pasaje mismo. Por ser expositivos, los mensajes demandan un abordamiento que va más allá de simplemente arrancar la página y usarla para predicar. Un tiempo de estudio, con la Biblia y el bosquejo abiertos delante del predicador, será de gran beneficio tanto para el que predica como para el que escucha. Alguien ha dicho que el mejor comentario sobre la Biblia es la Biblia misma, y el estilo de estos mensajes está diseñado para ayudar al predicador a ver la Palabra en todo su valor.

En muchos casos, el estudio diligente producirá más de un mensaje de un bosquejo determinado. Hay subdivisiones en los mensajes que se pueden convertir en otros bosquejos si se examinan cuidadosamente a la luz del pasaje que se está considerando. En realidad, el mayor valor de un libro de bosquejos como éste está en las ideas y en las semillas de pensamientos que echan raíces en la mente del lector y llevan al desarrollo personal de la verdad.

Estos mensajes han sido todos predicados en las iglesias locales que el autor ha pastoreado. De manera que han sido probados y han demostrado su efectividad. Este es un libro preparado por un predicador, diseñado para el uso de predicadores con el propósito específico de mejorar la predicación y beneficiar así las vidas espirituales de muchos. Se ponen a disposición de mis hermanos en el ministerio con la oración ferviente de que Dios multiplique su utilidad.

LA NORMA DE JUSTICIA

Mateo 5

Introducción

Es interesante la relación entre el Antiguo y el Nuevo Testamentos. La religión del Antiguo Testamento era la *Ley*; la del Nuevo Testamento es *cristianismo*, correctamente llamado así. Cristo trae un nuevo reino y hace de la «justicia» [el comportamiento recto] la palabra clave en él.

I. La descripción de la justicia (1–12)
    A. Observaciones generales.
        1. Descripción de un hombre justo.
        2. «Bienaventurado» significa persona dos veces feliz. En otras versiones se usa la palabra «dichosos».
    B. Elementos específicos: el significado de las Bienaventuranzas.

II. El efecto de la justicia (13–16)
    A. La figura de la sal (13).
    B. La figura de la luz (14–16).

III. El fracaso de la justicia legal (17–20)
    A. Cristo enseña el verdadero significado de la ley.
        1. «No he venido para abolir, sino para cumplir.»
        2. Guardar la ley no es suficiente (se necesita algo más).
    B. Cristo aporta su reinterpretación de la ley: «Pero yo os digo….»

IV. Las demandas de la justicia (21–47)
    A. La ley sobre el asesinato (21–26).
    B. La ley sobre el adulterio (27–32).
    C. La ley sobre los juramentos (33–37).
    D. La ley sobre la venganza (38–42).
    E. La ley del amor (43–47).

V. Resumen (48)
    A. Significa «completo».
        1. Guardar la ley moral.
        2. Observar la ley espiritual.

B. Es una demanda tremenda.
   1. Es imposible cumplir completamente con la descripción de justicia.
   2. Es imposible satisfacer las demandas de la justicia.
   3. La capacidad para poder cumplir con estas cosas viene de afuera, de Cristo.

Conclusión

El Sermón del Monte muestra la relación entre la Ley y la enseñanza de Cristo. En el proceso establece grandes demandas para los cristianos.

TENER, HACER, SER

Mateo 5—7

Introducción

El Sermón del Monte ha sido muy mal entendido, pero básicamente trata con tres tipos de personas. Describe a todo hombre que vive y explica mucho del proceso.

I. TENER: aquellos que acumulan los bienes de este mundo

A. Trata sobre la opinión del mundo acerca del éxito.

B. Esta tendencia se mete dentro de la iglesia.

C. Falla completamente:

1. No satisface las necesidades espirituales.

2. No pasa la prueba de las Escrituras (Mateo 6:19, 25, 33).

3. No llena el vacío del alma.

II. HACER: aquellos que hacen buenas obras

A. Tiene que ver con la opinión del mundo sobre la religión.

B. Ésta es la suposición más común:

1. Es una interpretación errónea del Sermón del Monte.

2. Es querer ganar la salvación mediante buenas obras.

C. No satisface la necesidad espiritual del hombre.

III. SER: aquellos que son lo que deben ser

A. Ese es el énfasis del Sermón del Monte.

1. Notemos donde comienza: con el carácter interno (5:1–12).

2. Señala que usted tiene que *ser* antes de que pueda *hacer* o *tener*.

B. Esa es la esencia del cristianismo.

1. El énfasis está sobre las obras hechas como consecuencia del cambio interno que las hace posible.

2. Segunda Corintios 5:17 es absolutamente clave.

C. Este punto de vista tiene éxito:

1. Explica el *tener*: no es malo tener; pero está condicionado al ser.
2. Explica el *hacer*: no es malo hacer; pero debe estar motivado por el ser.

Conclusión

Toda persona aquí presente forma parte de uno de estos grupos. ¿En cuál de ellos se encuentra usted? Solamente el último entiende bien el Sermón del Monte e interpreta correctamente el cristianismo.

CÓMO SER FELIZ

Mateo 5:1–12

Introducción

El cristianismo del Nuevo Testamento es exigente. Invita a cambiar de vida, pero parece que carecemos de algo en una área vital: gozo y felicidad. Consideremos aquello que deseamos tanto, y de lo que tenemos tan poco.

I. **El foco de la felicidad**
   - A. Comprendamos su significado.
     1. No es diversión, placer, gratificación física, seguridad, etc.
     2. Es una paz profunda, es un estado fundamental de satisfacción, una actitud de la vida, un estado de armonía con la vida y de paz con Dios.
   - B. Investiguemos sus fuentes.
     1. No la encontramos en el mundo, no está en ocuparse de los asuntos propios, en la libertad o en la independencia, ni en la constante actividad.
     2. La hallamos en un lugar muy específico.

II. **Los hechos en cuanto a la felicidad**
   («Bienaventurado» significa realmente «dos veces feliz», de manera que este pasaje nos describe a un hombre feliz.)
   - A. El gozo empieza cuando comienza la jornada; la felicidad no está reservada para el futuro.
   - B. La felicidad depende del viajero, no del camino.
   - C. La felicidad no viene por una espera pasiva sino mediante la participación activa.
   - D. La felicidad es algo sin fin, porque se extiende más allá de esta vida.
   - E. La búsqueda de la felicidad —en la manera correcta— es un deber cristiano.
   - F. La felicidad no viene por medio de aquellas cosas que obviamente no pueden producirla.

III. La fuente de la felicidad

(La verdadera felicidad sólo se encuentra cuando se sigue el modelo bíblico.)

A. La vida piadosa que viene por medio de la obediencia.

B. La semejanza con Cristo.

C. Aceptación de la voluntad de Dios.

D. Confianza en lo que Dios nos da.

E. Dejar de centrarnos en nosotros y centrarnos en los demás.

Conclusión

¿Es usted feliz? ¿Tan feliz como debería serlo? Si no lo es, es casi seguro que necesita hacer dos cosas: debe recitificar algunas áreas de desobediencia y tiene que dejar de centrarse en usted mismo o en otros.

LA SAL DE LA TIERRA
Mateo 5:13

Introducción

La sal es muy valiosa. Cristo elogió a los cristianos de la manera más elevada cuando dijo: «Vosotros sois la sal de la tierra.» Consideremos su significado.

I.   **Es un asunto de conducta**
A. El propósito de la sal es preservar y dar sabor.
B. Su actividad tiene lugar en la vida cristiana.
1. Tenemos que ser suficientemente diferentes del mundo como para darle sabor.
2. Debemos procurar activamente la prevención de la corrupción.

II.   **Es un asunto de carácter**
A. La declaración de un hecho: «Vosotros sois la sal….»
B. Una afirmación de importancia.
C. Es un reto.

III.   **Es un asunto de contacto**
A. La sal de la tierra.
1. Requiere contacto con el mundo que le rodea.
2. Implica hacer un esfuerzo consciente.
B. Es un contacto individual.
1. Cristo está hablando a sus discípulos, no a la Iglesia.
2. Hay una gran necesidad de que los individuos funcionen.

II.   **Es una cuestión de prudencia**
A. Examinemos la declaración.
B. El peligro que presenta.
1. Los cristianos no cumplen su función.
2. El programa de Dios queda dañado por la pérdida de influencia cristiana.
C. Los resultados que produce.
1. Pérdida de utilidad.
2. Empeoramiento de las condiciones.

Conclusión

«Pruebe» la calidad de su vida y servicio. ¿A qué sabe?

LA LUZ DEL MUNDO

Mateo 5:14, 15

Introducción

Aquellos que andan buscándole problemas a la Biblia piensan que aquí han encontrado uno. Esto parece que contradice a Juan 8:12. Sin embargo, cuando lo examinamos con cuidado observamos que no es así.

I. **Es una declaración poderosa**
   A. Es personal (enfatice las palabras).
      1. Vosotros SOIS la luz del mundo.
      2. VOSOTROS sois la luz del mundo.
   B. Es positiva.
   C. Es práctica.
      1. La luz revela las tinieblas.
      2. La luz revela la causa de las tinieblas.
      3. La luz disipa las tinieblas.
   D. Es pertinente.

II. **Se señalan dos semejanzas (14, 15)**
   A. «Una ciudad asentada sobre un monte no se puede esconder.»
      1. Es la declaración de un hecho.
      2. Hay una aplicación obvia.
   B. El hombre con la lámpara.
      1. Hay una conducta obvia.
      2. La aplicación también es evidente.

Conclusión

Somos, por nuestra unión con Cristo, la luz del mundo. Como luz debemos iluminar el mundo a nuestro alrededor. Si usted no da luz, no está cumpliendo con su función; peor aún, la está empañando.

EL LUGAR DE LAS OBRAS EN EL CRISTIANISMO BÍBLICO

Mateo 5:16

Introducción

La cuestión de las buenas obras —siempre un asunto de controversia— encuentra respuestas aquí. Tomemos este pasaje y analicémoslo.

I.   **«Así alumbre vuestra luz»**
   A. El cristiano debe funcionar.
   B. El cristiano debe permitir que Dios actúe por medio de él.
   C. El cristiano está llamado a actuar debidamente.

II. **«Delante de los hombres»**
   A. Define el área.
   B. Define el alcance («delante de *todos* los hombres»).
   C. Define el lugar (*delante*, en frente de).

III. **«Para que vean vuestras buenas obras»**
   A. Una luz que alumbra (testimonio) produce buenas obras.
      1. No podemos tener un testimonio sin buenas obras.
      2. Esto muestra el lugar correcto de las buenas obras.
   B. Esto hace suponer que los hombres notan nuestras buenas obras.
      1. Somos observados constantemente.
      2. El mundo incrédulo no se interesa por estas cosas.
   C. Es un asunto de propósito.
      1. Dejar que nuestra luz alumbre involucra buenas obras.
      2. A esto somos llamados, se espera de nosotros.

III. **«Y glorifiquen a vuestro Padre que está en los cielos»**
   A. Una declaración de propósito.
      1. Debemos dejar que los hombres vean nuestras buenas obras.

2. A fin de que puedan glorificar a nuestro Padre que están en los cielos.
B. Una declaración de resultados.
1. Si alumbramos y los hombres lo ven, algunos pueden llegar a glorificar al Padre.
2. La razón de nuestra falta de conversos es que no dejamos que nuestra luz alumbre delante de los hombres.

Conclusión

Las buenas obras son necesarias para mostrar lo que realmente somos y tenemos. También son necesarias para respaldar el testimonio cristiano.

HÁGALO TODO BIEN DESDE EL PRINCIPIO

Mateo 5:23, 24; Lucas 19:1–10

Introducción

Las personas que procuran hacer las cosas bien a menudo no lo logran. En realidad, las hacen mal. Aquí encontramos un poco de ayuda sobre este asunto.

I. El principio: frecuentemente hay cosas que tenemos que arreglar

   A. ¿Cuáles? Pecados, ofensas.

   B. ¿Con quién? Dios, el hombre.

   C. ¿Cómo? Mediante la confesión, el arrepentimiento, la restitución.

II. El procedimiento: el «cómo» en detalle

   A. Al tratar con Dios:

      1. Confesión: llamando al pecado por su nombre real.

      2. Arrepentimiento: dolor sincero por el pecado.

      3. Alejándose del pecado.

   B. Al tratar con las ofensas de la gente:

      1. «Anda»: la Biblia no habla de escribir ni de telefonear.

      2. Hay que buscar y encontrar el perdón.

      3. Hay que hacer restitución.

      4. Hay que poner en claro las cosas.

      5. Hay que cambiar actitudes.

III. Los detalles

   A. El tener buenas relaciones con los demás es más importante que la adoración; significa que hay que tomarlo en serio.

   B. Los conflictos no resueltos nos privan de bendiciones.

   C. La maginitud de la ofensa determina la magnitud de la confesión.

   D. Debería ser algo continuo y regular.

Conclusión

Haga bien desde el principio aquello que debe hacerse bien. ¿Suena muy difícil? Si fuera más difícil sería menos probable que sucediese otra vez. ¿Necesita arreglar algo? ¿Qué ha dejado a medio hacer?

AME A SUS ENEMIGOS
Mateo 5:43–48

Introducción

El Salvador atacaba constantemente las actitudes de los fariseos, las de los judíos y las nuestras.

I. **La enseñanza de los fariseos**
    A. Su perversión: ame a su prójimo y odie a su enemigo.
    B. Su razonamiento: Dios hizo eso mismo cuando destruyó a los cananeos.
    C. Su alcance: enseñaban que un verdadero judío debería aborrecer a todos los demás, excepto a otro judío, y quizá a él también.

II. **La corrección de Cristo**
    A. Un principio revolucionario: «Amad a vuestros enemigos.»
    B. Ilustraciones que clarifican:
       1. Bendigan a los que les maldicen.
       2. Hagan bien a los que les aborrecen.
       3. Oren por aquellos que les ultrajan y persiguen.
    C. Exhortaciones alentadoras:
       1. Dios actúa de esa manera (v. 45).
       2. El sentido común lo aconseja (v. 46).
       3. La experiencia común lo demanda (v. 47).

III. **Implicaciones de la enseñanza**
    A. Debemos tener una actitud apropiada sobre nosotros mismos.
    B. Debemos tener una actitud correcta hacia los demás.
    C. Podemos rechazarlo, pero el prestarle atención nos beneficia.
    D. Sólo la obra renovadora del Espíritu de Dios puede hacernos así.

Conclusión

Dios quiere que tengamos actitudes correctas en todas las cosas. Se nos manda especialmente que amemos a nuestros enemigos.

RECONCÍLIESE PRIMERO Y DESPUÉS VENGA

(Para un culto de Santa Cena) Mateo 5:23, 24

Introducción

La Cena del Señor es una oportunidad para examinarnos a nosotros mismos. Una de las áreas es la de las relaciones interpersonales. Cristo tiene algunas cosas significativas que decirnos acerca de ello.

I. **La seriedad de los problemas interpersonales**
   A. Demostrado por nuestra relación con la adoración.
   B. Razones por las que Cristo las veía tan importantes:
      1. Porque manifiestan falta de amor por Dios (1 Jn. 4:20).
      2. Porque son pecado (1 Ts. 4:6).
      3. Porque producen amargura (He. 12:15).
      4. Porque llevan al odio que puede terminar en muerte (Mt. 5:22).

II. **La responsabilidad en los problemas interpersonales**
   A. Una demanda rigurosa.
      1. ¿Quién debe tomar la iniciativa? ¡Ambos!
      2. Cada parte es responsable.
      3. Imagina un ideal: dos personas distanciadas deberían encontrarse a mitad de camino de sus respectivas casas.
   B. Una pregunta de prueba: ¿no sería mejor dejarlo morir antes que desenterrar todo el problema?
      1. La respuesta: ¿es posible para usted dejarlo morir?
      2. Principios positivos: no podemos lidiar con cada cosa pequeña.
         a. Si el asunto va a reaparecer probablemente al día siguiente, es mejor tratarlo ahora.
         b. Si el problema va a crear una barrera entre dos hermanos, conviene resolverlo cuanto antes.
         c. Si el problema está creando una condición no resuelta de falta de relación entre los hermanos, debe ser tratado sin falta.

III. La solución a los problemas interpersonales
A. La doble demanda:
1. Primera, reconcíliese.
2. Segunda, venga con su ofrenda.
B. La urgencia del asunto.

Conclusión

La Iglesia de Cristo Jesús ha sido muy perjudicada por los problemas interpersonales, pero ese daño es nada comparado con el perjuicio individual producido por los problemas no resueltos. Todo problema interpersonal que surge entre cristianos debe ser tratado y resuelto. Olvídelo o haga algo al respecto.

EL ADULTERIO DEL CORAZÓN

Mateo 5:27–30

Introducción

En los primeros días del cristianismo hubo creyentes que leyeron este pasaje de las Escrituras y procedieron a cortarse las manos y a sacarse los ojos. Interpretaron este pasaje tan mal como los fariseos. Veamos lo que Cristo quiso decir.

I. Un asunto relevante

A. La situación presente:
1. Los problemas morales son profundos.
2. Lo agrava la confusión.

B. Las causas subyacentes:
1. Abandono de la idea de Dios.
2. Otras fuentes como criterio para lo bueno y lo malo.
3. Los resultados son enredo y confusión.

C. La tragedia consumada:
1. Las vidas quedan arruinadas.
2. El testimonio se pierde.

II. Una declaración radical

A. Cita de la ley.

B. El error de los fariseos: citaban la ley correctamente, pero fallaban al quedarse estancados allí.

C. Cristo amplía el concepto para incluir mucho más que el simple acto.

D. Las malos pensamientos, o miradas, ideas, etc., están también incluidos en los Diez Mandamientos.

III. Una solución revolucionaria

A. El ojo y la mano: el ojo y la mano derechos eran considerados de suprema importancia.

B. Los principios involucrados:
1. El pecado es algo tan grave que demanda un tratamiento radical.
2. El alma es más importante que los miembros del cuerpo.
3. Debe hacerse el esfuerzo necesario para detener la marea del pecado en nuestras vidas.

  4. El propósito de Dios es que tengamos una mente limpia y un corazón puro.

C. La Biblia propone una solución revolucionaria en una manera también revolucionaria.

  1. El sexo fuera de matrimonio es malo.

  2. Dios piensa en el bienestar de su pueblo.

  3. Podemos vivir y debemos vivir conforme a sus pautas.

Conclusión

¿Sobre qué bases espera ir al cielo? ¿Haciendo el bien? ¿Ha hecho realmente el bien? Recuerde la justicia. Necesita acudir a Cristo.

JESÚS Y EL DIVORCIO

Mateo 5:31, 32

Introducción

El divorcio ha llegado hoy a tal punto que tenemos poligamia en serie. Cristo vivió en una cultura muy propensa al divorcio y dijo cosas que sorprendieron.

I.   **La enseñanza tenía que corregirse**
   A. La ley (Dt. 24:1–4).
      1. No se menciona el adulterio.
      2. El objeto de la legislación mosaica era controlar el divorcio.
      3. Moisés estableció tres grandes principios:
         a. El divorcio quedaba limitado a ciertas causas (un defecto natural, moral o físico en la esposa).
         b. Se requería que el hombre que se divorciara de su mujer le diese carta de divorcio.
         c. Al hombe que se divorciara de su mujer no le era permitido volver a casarse con ella (el matrimonio no era algo para tomarlo o dejarlo a capricho).
   B. Los escribas y los fariseos.
      1. Decían que la ley instaba o exigía el divorcio bajo ciertas condiciones.
      2. Esa interpretación llevó el matrimonio a la confusión y el desorden.

II. **La enseñanza correcta**
   A. El mínimo permisible.
      1. No era fácil terminar con el debate.
      2. El divorcio, si es que se permite, se le permite sólo a la parte no culpable en el caso de adulterio.
   B. El principio presente.
      1. Cristo enfatiza la naturaleza perdurable del matrimonio.
      2. Desaparecen las razones por las que se concede comúnmente el divorcio.

III. Se enfatiza el sentido más amplio

A. Las demandas del evangelio van en contra de nuestra cultura.

B. No nos disculpamos por ello.

Conclusión

El cristianismo sostiene principios y un estilo de vida que van en contra de la cultura moderna. ¿Vive usted conforme a ellos? El cristianismo hace demandas de otra clase. ¿Las ha explorado usted?

ES CUESTIÓN DE ACTITUD

Mateo 5:38–42

Introducción

¡Qué cosas tan sorprendentes enseña Cristo! Examinémoslas cuidadosamente para estar seguros de que entendemos lo que Él quiere decir.

I. **La enseñanza de la ley**
   A. Una cita exacta (Lv. 24:19, 20).
   B. El propósito por el cual fue dada la ley:
      1. Restringir.
      2. Equidad.
   C. Principios involucrados en la ley:
      1. Le fue dada al magistrado (nunca hubo intención de que fuera para uso privado).
      2. Le quita al hombre la tendencia a tomar la ley por su cuenta.
      3. Establece un sentido de equidad y justicia.
      4. Limita las fuerzas del mal y del pecado.

II. **La enseñanza de los fariseos**
   A. El problema está en la interpretación, no en la cita.
   B. Los fariseos se equivocaron de tres maneras:
      1. No se dieron cuenta de que estaba diseñada para restringir.
      2. Hicieron de ello un requisito: *tenía* que ser.
      3. Hicieron un asunto privado de algo que era público y gubernamental.
   C. Degeneraron hasta el punto de que estaban enseñando el derecho y la necesidad de la represalia y la venganza.

III. **La enseñanza de Cristo**
   A. La revocación queda expresada en un tema general: «No resitáis al que es malo.»
   B. Las aplicaciones específicas (tiene que ver con la esfera de los principios).
      1. Situaciones particulares (muestra cómo lidiar con ellas).

27

      a. Abuso físico: acéptelo si es necesario.

      b. Daños a la propiedad: se refiere a los derechos legales a nivel personal.

      c. Ultraje a la libertad.

      d. Exigencias sobre nuestra liberalidad.

  2. Principio: Cristo enseña que debemos abandonar un espíritu egocéntrico; promueve un nuevo espíritu.

C. Cristo anula por completo la interpretación de los fariseos. En vez de un espíritu de egoísmo que insiste en los derechos y demanda represalías, debemos tener lo opuesto: un espíritu generoso, la capacidad de vencer el mal con el bien y darse a sí mismo.

Conclusión

Lo que Cristo demanda es contrario a nuestras tendencias naturales. Requiere ese toque de Dios en nuestra vida para hacer posible esa clase de vida. Requiere el nuevo nacimiento para crearlo.

FALSEDAD ANÓNIMA

Mateo 6:1–4

Introducción

La frase «no sepa tu izquierda lo que hace tu derecha» ha sido usada y citada de manera incorrecta. Veamos lo que Cristo quiso decir.

I. **El trasfondo**
   A. El contexto.
      1. Las bienaventuranzas nos muestran lo que se supone que el hombre debe ser (5:1–12).
      2. Nos muestra cómo debe actuar un hombre en este mundo (5:13–16).
      3. Nos dicen cómo debe actuar un hombre en relación con otros de manera que su luz resplandezca (5:17, 18).
      4. Nos da un resumen de principios (5:48).
   B. Cambio de asunto: el versículo 1 puede empezar con «pero».
      1. El nuevo tema son las «limosnas» y cómo deben darse.
      2. Nos da un consejo.
      3. Suena a advertencia: las obras de caridad hechas delante de los hombres con la intención de que nos vean nos hace perder la recompensa celestial.
   C. Resumen: el versículo 1 es un compendio de lo enseñado en 1–18.

II. **Los detalles**
   A. Definición: se refiere a los actos externos de la piedad religiosa.
   B. Lo que no debemos hacer:
      1. Hacerlo a la manera de los hipócritas.
      2. Hacerlo por la razón que lo hacen ellos.
   C. Declaración: ellos ya tienen su recompensa.
   D. Direcciones: haga sus obras de amor de la manera correcta.
   E. Intención: hágalo de manera discreta y privada.

III. El énfasis
A. Al Señor le interesa nuestra manera de hacer el bien.
B. Hay riesgo en hacer el bien.
C. Los motivos son muy importantes a la hora de hacer el bien.

Conclusión

Dios busca y espera la honradez en sus hijos. Él nos ve en lo más íntimo; ese es un pensamiento que espanta. ¿Es real y genuina su vida espiritual?

¿ORACIÓN O EXHIBICIÓN?

Mateo 6:5–8

Introducción

Llegamos ahora al tema de la oración al seguir considerando las enseñanzas del Señor en el área de nuestros ejercicios religiosos.

I. **La condenación: Cristo condena tres cosas**
    A. El método.
        1. De pie en las sinagogas (buscando prominencia).
        2. De pie en las esquinas de las calles (a la vista de todos).
    B. La manera.
        1. Impresión: «Para ser vistos de los hombres.»
        2. Representación: tratando de dar la impresión de espiritualidad.
        3. Intención: procurando aparentar que eran tan fervorosos que no podían esperar.
    C. El motivo.
        1. Lo que tenían en mente y deseaban era el aplauso de los hombres.
        2. Cristo los califica de hipócritas.
        3. Condena: el Señor dice que ya tenían su recompensa, ya no quedaba más recompensa futura.

II. **La advertencia**
    A. Semejanza: nosotros podemos llegar a ser exactamente como ellos.
    B. Egoísmo: un problema sutil en la oración.
    C. Estilo: un énfasis indebido en lo que decimos y cómo lo decimos ante los demás.

III. **La corrección**
    A. Privacidad: elimine todas las demás cosas (v. 6).
    B. Sinceridad (vv. 7, 8*a*).
    C. Simplicidad: Dios lo sabe todo en relación con su necesidad incluso antes de que lo pida (8*b*).

Conclusión

Nada prueba más la realidad de nuestra vida espiritual que el estar cara a cara con Dios en oración. ¿Hay algo que debamos arreglar con Él?

MARCAS DE MADUREZ: PRIORIDADES CORRECTAS

Mateo 6:33

Introducción

Cada día está lleno de decisiones, y es aquí donde entran las prioridades. Una prioridad es un orden, un arreglo, según el valor e importancia de cada cosa; es una elección entre dos o más cosas.

I. Una obligación positiva
A. Interpretación: «Primeramente», es lo primero en orden de importancia.
B. Qué incluye:
   1. El reino de Dios y su justicia.
   2. Tiene que ver con las cosas de Dios.
C. Implicación: «Todas estas cosas os serán añadidas» (aquellas que tienden a ser primeras para nosotros).

II. Las posibles opciones
A. Decisiones: ¿qué debe ser lo primero?
B. Determinaciones: ¿cuál de estas opciones ilustrará mejor «buscad primeramente el reino de Dios y sus justicia»?
C. Deber.

III. Las objeciones potenciales
A. «No creo que sea tan simple.»
B. «No creo que me guste.»
C. «No estoy de acuerdo con la Biblia.»

IV. Una obediencia productiva
A. Alivia la tensión.
B. Elimina el sentimiento de culpabilidad.
C. Registra el progreso: tiene lugar el crecimiento espiritual.

Conclusión

Usted se enfrenta constantemente a la toma de decisiones. Siempre las está tomando. No hacerlo es ya en sí una decisión. La gente espiritualmente madura se decide por el Señor y madura más.

LO QUE TIENE DENTRO
ES LO QUE CUENTA

Mateo 6

Introducción

Cristo enseñó usando dos métodos: mediante el precepto y por medio del ejemplo. Tenemos muchas pruebas de ello en las Escrituras. Esto es cierto en relación con la oración. Él dio el ejemplo en sus oraciones, pero también enseñó mucho sobre el tema.

I. **El capítulo en general**

    A. Tiene que ver con la manifiestación exterior de la verdadera religión.

    B. En este capítulo se consideran tres cosas principales:

        1. Se presentan junto con orientaciones positivas y negativas relacionadas con ellas.

           a. Limosnas (vv. 2–4).

           b. Oración (vv. 5–15).

           c. Ayuno (vv. 16–18).

        2. Aparecen después expresadas las actitudes internas necesarias para el ejercicio apropiado de expresiones espirituales.

           a. Limosnas (vv. 19–21).

           b. Oración (vv. 22–24).

           c. Ayuno (vv. 25–34).

II. **Los temas específicos**

    A. Limosnas: más correctamente, hacer buenas obras.

    B. Oración:

        1. De manera negativa: no ocupar los mejores lugares para ser vistos de los hombres.

        2. De manera positiva: la idea del aposento es lo opuesto de ser visto por los hombres.

        3. El estado interno: todo el ser se abre a la luz divina y se entrega por entero a Él.

    C. Ayuno: la relación de lo físico y lo espiritual.

        1. De manera negativa: no sea un hipócrita ni haga un espectáculo.

        2. De manera positiva: busque lo natural y correcto.

Conclusión

La relación de lo interior con los exterior es siempre de interés para Cristo. Lo externo sin lo interno no tiene ningún valor.

LÁVESE LA CARA Y ARRÉGLESE BIEN

Mateo 6:16–18

Introducción

Había un pastor que presumía de pasar los lunes ayunando en el campanario del templo. Se perdió la enseñanza de este pasaje al practicarlo de manera equivocada. Nosotros también lo perdemos al no practicarlo para nada. Necesitamos urgentemente cierta orientación.

I. **El significado de ayunar**
   A. Los antecedentes en el Antiguo Testamento: el ayuno se practicaba regularmente.
   B. Definición: abstenerse de alimento o de otra necesidad física durante un tiempo determinado con un propósito espiritual.

II. **El método del ayuno**
   A. Forma equivocada:
      1. Ayunar de manera mecánica.
      2. Como parte rutinaria de la disciplina espiritual.
   B. Apariencia:
      1. No debemos procurar mostrar que lo estamos haciendo, por lo que no debemos aparecer tristes, desmayados, etc.
      2. Practicarlo con completa naturalidad.
   C. La manera correcta:
      1. Que sea un ejercicio espiritual espontáneo.
      2. Una experiencia espiritual personal.
      3. Una actividad natural en el contexto de la vida normal.

III. **El mensaje del ayuno**
   A. La necesidad de autodisciplina en su vida espiritual.
   B. La necesidad de sacrificio personal en su vida espitual.
   C. La necesidad de tomar con seriedad las cosas espirituales.

Conclusión

Parte de la razón por la que no ayunamos es porque todo el concepto de la negación de nosotros mismos es casi desconocido.

LA RESERVA DE ORO

Mateo 6:19–21

Introducción

Oímos mucho acerca de las «reservas de oro» y de la «balanza de pagos». Cada país tiene un lugar especial donde se guardan bien protegidas sus reservas de oro. El problema que generalmente se enfrenta es que dicha reserva no es suficiente para atender las demandas que se imponen sobre ella. El cristiano, según las Escrituras, debe tener una especie de «reserva de oro».

I. **El precepto («No os hagáis tesoros en la tierra … sino haceos tesoros en el cielo»)**
    A. El significado de los términos.
       1. «No os hagáis»: no almacene ni acumule.
       2. «Tesoros»: no se limita al oro.
       3. «Tierra»: este mundo y esta vida.
       4. «Cielo»: el otro mundo u otra vida.
    B. Las dos cosas que abarca.
       1. Una prohibición negativa.
       2. Un mandamiento positivo.
    C. La verdadera intención.
       1. Se relaciona con la mundanalidad: es una actitud y una manera de vivir más que una lista de cosas.
       2. Tiene que ver con el énfasis principal de la vida.

II. **Instrucción («Donde la polilla y el orín corrompen … donde ni la polilla ni el orín corrompen, y donde ladrones no minan ni hurtan»)**
    A. Nos dan buenas razones por las que no deberíamos acumular nuestros tesoros en la tierra.
       1. Los tesoros de este mundo no perduran.
       2. No satisfacen mientras duran.
       3. Se marchitan y mueren, perdemos interés en ellos a medida que pasa el tiempo.
       4. Pueden ser robados con facilidad.
    B. Se nos dan también buenas razones por las que deberíamos acumular tesoros en el cielo.

1. Dios reserva nuestro tesoro celestial para nosotros.
2. No hay temor de que nuestro tesoro allí pueda enmohecerse o nos lo puedan robar.

III. Intención («Porque donde esté vuestro tesoro, allí estará también vuestro corazón»)
   A. Se establece aquí un axioma.
   B. Se menciona un peligro: muchos corazones se han apartado de esa manera del Señor.

Conclusión

¿Cómo acumulamos nuestros tesoros en el cielo? Haciendo un uso positivo de lo que Dios nos ha dado a fin de darle a Él gloria y ser de bendición para nuestros semejantes.

Mateo 6:19–24

Introducción

Cristo lidia con el hombre en relación con este mundo en el cual vive. Se interesa por nuestras actitudes.

I. **Su mandamiento nos impresiona** (vv. 19, 20)
   A. Lo expresa.
   B. Lo explica:
      1. «Tesoros»: se refiere comúnmente a cosas materiales.
      2. Habla claramente de nuestras riquezas y posesiones.
   C. Lo amplía:
      1. «Hagáis»: puesto en posición horizontal.
      2. «En la tierra…en el cielo»: lugares de depósito final.
      3. Tiene que ver con la actitud del hombre hacia las cosas materiales y su uso.

II. **Las razones prácticas**
   A. Posibilidad real de perderlos; pero una vez en el cielo ya no hay riesgo de ninguna clase (19, 20).
   B. El peligro de problemas del corazón (v. 21).
   C. La posibilidad de ceguedad (vv. 22, 23).
      1. Interpretación: el ojo es la fuente de luz para el cuerpo. Si el ojo está sano, todo el cuerpo tiene luz; pero si el ojo es malo, todo el cuerpo sufre.
      2. Significado:
         a. Un ojo sano se enfoca bien en una sola dirección y admite la luz.
         b. Un ojo enfermo se desenfoca y no admite la luz, por lo que el resultado es oscuridad.
         c. El cristiano que trata de hacerse tesoros en la tierra tiene sus ojos enfocados en muchas direcciones.

III. **El reto** (v. 24)
   A. Declaración: nadie puede servir a dos señores.

B. Ampliación: tarde o temprano aparecen los conflictos de intereses.

C. Aplicación: cuando Dios nos tiene, Él va a tener nuestros tesoros.

Conclusión

¿Qué uso hace de los bienes materiales que *tiene*? Más importante todavía, ¿ha llegado usted al punto de rendirse a Cristo para servirle?

ORDENE SUS PRIORIDADES

Mateo 6:19–34

Introducción

A veces nos perdemos el sentido del texto debido a que no tenemos en cuenta el contexto. Eso sucede con Mateo 6:33. Toda esta sección tiene la intención de ayudarnos con nuestra tendencia a preocuparnos y apurarnos.

I. El contexto

A. Introduce el tema de las cosas materiales (vv. 19, 20).

B. Se añade más información (v. 24).

C. Continúa en la sección siguiente.

II. La condenación

A. El mandamiento («No os afanéis…»).
  1. No quiere decir: «Sed descuidados o negligentes».
  2. Si no más bien «no estéis preocupados ni ansiosos».

B. Una base de esperanza.
  1. Los mandamientos de Dios siempre ofrecen esperanza.
  2. Podemos hacer siempre lo que se nos manda.

III. La corrección

A. ¿No hay cosas más importantes por las que preocuparnos? (v. 25b).

B. Si Dios tiene cuidado de su creación animal, ¿no va a tenerlo de usted? (v. 26).

C. El preocuparse y afanarse no van a hacer que cambien las cosas (v. 27).

D. Si Dios cuida de la creación inanimada, ¿no cuidará de usted? (vv. 28, 29).

E. Si se afana por estas cosas, es usted peor que los gentiles (v. 32).

F. Su Padre celestial sabe muy bien que usted necesita estas cosas (32b).

G. No se angustie por el día de mañana, cada día tiene bastante con sus propios problemas (v. 34).

II. El reto

A. El contenido:
   1. «Mas buscad».
   2. «Primeramente», en orden de importancia.
   3. El objeto de la búsqueda: el reino de Dios, su gobierno, su señorío, su justicia.
   4. «Cosas os serán añadidas.»
   5. «*Todas* estas cosas».

B. Las implicaciones:
   1. Tenemos que sustituir la preocupación por la acción espiritual.
   2. Lo que realmente esté buscando es lo que conseguirá.
   3. Hay que tomar decisiones serias.

Conclusión

Dios no quiere que se llene de ansiedad. Él le da el método de conseguir las cosas. Insiste en ser el primero. Probablemente no lo es en la mayoría de las ocasiones.

NO SE AFANE

Mateo 6:25–34

Introducción

Tenemos dos estados comunes en la vida: cuando hay una necesidad y cuando hay más de lo que necesitamos. Tenemos la tendencia a preocuparnos cuando hay una necesidad. Cristo lidia con ambas situaciones en esta sección.

I. **Una prohibición**
   A. Una triple repetición (vv. 25, 31, 34).
   B. La traducción más apropiada: «No se dedique a pensar en.»
      1. No prohibe la previsión.
      2. Sí que prohibe el afán y la ansiedad.
   C. Se detalla en dos lugares (vv. 25, 31).

II. **Las razones: esto es fácil de decir, pero difícil de hacer. Cristo, por tanto, nos da una lista de razones**
   A. No se afane, porque es innecesario para los hijos de un Padre como el suyo (25b–30).
   B. Nos se afane, porque es impropio en los súbditos de un reino como ese (vv. 31–33).
   C. No se afane, porque es infructuoso (v. 34).

III. **Aplicaciones: ¿qué significa todo esto para la vida?**
   A. Dirección de la enseñanza.
      1. No quiere decir que dejemos de pensar en el futuro.
      2. No quiere decir que nos dediquemos a imitar a los pájaros y a los lirios.
      3. Se refiere a la ansiedad, a la preocupación, al exceso de interés por estas cosas.
   B. Determinación de la actitud.
      1. Conozco el amor de mi Padre.
      2. Valoro el reino de mi Padre.
      3. No me voy a comportar como un necio.
   C. La determinación de las acciones debería hacerme:
      1. No ser esclavo de lo material.
      2. Establecer correctamente mis prioridades.
      3. Dar de manera apropiada.

Conclusión

Vivimos en un mundo lleno de peocupación y ansiedad. La liberación de la ansiedad la encontramos sólo en el Señor. Ocúpese ahora de los problemas de hoy. El mañana le pertenece al Señor. ¡Déjelo en sus manos!

DISCERNIMIENTO ESPIRITUAL

Mateo 7

Introducción

Discernimiento es la habilidad de hacer evaluaciones y juicios correctos. ¡Cuánto necesitamos los cristianos esta cualidad!

I. Juzgar con discernimiento (vv. 1–5)

A. ¿Qué se quiere decir? Tiene que ver con el tipo de juicio censurador que condena a la persona por lo que yo pienso son sus motivos (v. 1).

B. El emitir juicio es como un bumerán, puede ser contraproducente (v. 2).

C. Júzguese a sí mismo primero (v. 3).

II. Dar testimonio con discernimiento (v. 6)

A. La imagen involucra a perros y cerdos.

B. La enseñanza de la ilustración es:

1. Negativamente: no dé testimonio de forma confusa y a la ligera.

2. Positivamente: dé un testimonio dirigido por el Espíritu y lleno de Él.

III. Orar con discernimiento (vv. 7–12)

A. Principios:

1. Cuando pedimos, que sea una oración específica y honesta (v. 7).

2. Dios a veces envía sus dones envueltos de manera extraña (v. 9).

3. Todo aquel que se acerca a Dios recibe algo (v. 11).

B. Los resultados de una buena relación (v. 12).

IV. Creer con discernimiento (vv. 13–23)

A. La puerta y el camino son estrechos (vv. 13, 14).

B. La enseñanza falsa es una trampa (vv. 15–20).

C. Las pretensiones no siempre indican logros (vv. 21–23).

V. Edificar con discernimiento (vv. 24–27)

A. Se construyen dos edificios.

B. Nótese los resultados de las tormentas.

C. Muestra la importancia de edificar en Cristo.

Conclusión

Necesitamos discernimiento. La única manera de hallarlo es por medio de la Palabra de Dios. ¿Puede usted discernir entre la fe genuina y la falsa?

NO JUZGUE SEGÚN LAS APARIENCIAS SINO DE MANERA JUSTA

Mateo 7:1 con Juan 7:24

Introducción

Existen algunos que afirman que no pueden creer debido a las contradicciones de la Biblia. Una de ellas tiene que ver con emitir juicios. La solución a este problema aparente nos muestra que también la hay para todos los demás.

I. Una aparente contradicción

    A. Se nos dice claramente que no juzguemos a otros (Mt. 7:1; Lc. 6:37; Ro. 14:13; Stg. 4:12).

    B. Se nos dice también específicamente que sí juzguemos a otros (Mt. 7:6; 1 Co. 6:2–5; 2:15; Jn. 7:24).

II. Una explicación positiva

    A. No debemos juzgar:

        1. Intentando determinar los motivos de los demás.

        2. Usando criterios erróneos.

        3. Haciendo determinaciones finales.

        4. Haciéndolo con un mal espíritu.

        5. Sin reparar en nosotros mismos.

    B. Debemos ser inspectores de frutos.

        1. Tenemos que evaluar la conducta de los demás, aquellas cosas que se ven (Mt. 7:16–20).

        2. Podemos determinar el carácter mediante las acciones (un hombre hace lo que hace debido a lo que es).

        3. Tenemos que usar criterios bíblicos para evaluar a otros regularmente.

        4. Debemos abstenernos de hacer juicios finales, aunque vayamos haciendo evaluaciones a lo largo del camino.

III. Algunas aplicaciones específicas

    A. ¿Cuáles son los motivos verdaderos en nuestro corazón?

    B. ¿Qué ven otros en nosotros cuando inspeccionan nuestros frutos?

C. ¿Qué se dirá de nosotros en el juicio final?

Conclusión

¿Qué debe hacer usted? No juzgar de manera injusta o arbitraria, sino más bien con equidad y justicia. ¿Qué clase de juicio suele hacer?

SOBRE VIGAS Y MOTAS

Mateo 7:1–6

Introducción

Hay algunas cosas que no pueden funcionar juntas. La Biblia señala varias de éstas, casi de manera humorista: guías ciegos que guían a ciegos; un optómetra que con un poste de teléfonos en su propio ojo trata de sacar la paja que hay en el ojo del paciente.

I.   **El cuadro**
   A. Una persona con una paja en un ojo.
   B. Otra persona con un poste de teléfonos en el ojo.
   C. El señor con el poste de teléfonos que trata de operar en el ojo del otro que tiene una paja.

II. **El contexto**
   A. No juzguéis (vv. 1–3).
      1. Sentido: es una referencia a la tendencia a juzgar, a cuestionar los motivos, a emitir juicio final, a tener un espíritu censurador.
      2. Razones:
         a. Para que usted no sea juzgado: razón de causa y efecto (1*b*).
         b. Cuando juzga, se pone en la situación de ser usted también juzgado (2*a*).
         c. La misma medida de castigo le será aplicada (2*b*).
         d. El juicio es frecuentemente incongruente (v. 3).
   B. Cómo evitar ser juez: límpiese a sí mismo antes de intentar ayudar a otros (vv. 4, 5).
   C. La importancia del discernimiento (v. 6).

III. **La enseñanza**
   A. Algo anda mal con el hombre.
   B. Debe hacerse algo con lo que está mal.
   C. Aquel que tiene el poste es responsable de ayudar.
   D. Hay que guitar el poste antes de que se pueda hacer algo.
   E. El poste y la paja son del mismo material.

F. La operación es delicada.
   1. Debemos limpiarnos los ojos mutuamente.
   2. Esa es una tarea difícil, exige gran cuidado.

Conclusión

Los cristianos están llamados a ayudarse los unos a los otros. Debemos llegar a un punto en la vida en el que podemos ayudar a otros. ¿En qué condición están sus ojos (su vida espiritual)? ¿Está ayudando a otros o simplemente los está criticando?

¡NO JUZGUE!

Mateo 7:1–6

Introducción

¿Ha escuchado a alguien decir: «No quiero juzgar, pero…», o «Se supone que no debemos juzgar, pero…»? Estas son algunas de nuestras expresiones cristianas más comunes. Consideremos todo este asunto y su relación con los cristianos.

I. **La prohibición: «No juzguéis» (7:1*a*)**
   A. Juzgar es «discernir o conocer la diferencia entre dos cosas».
   B. Calificaciones:
      1. No puede estar diciendo que no analicemos ni discernamos.
      2. Tiene que tener otro sentido y significado.
   C. Explicación:
      1. Habla de juicio en el sentido de sentenciar y condenar.
      2. Lo que se nos dice es que no nos atribuyamos el papel de jueces.
      3. Este es uno de los fallos más comunes entre los cristianos.

II. **Las razones (1*b*–5)**
   A. Para que usted no sea juzgado.
      1. ¿A qué juicio se refiere aquí? El de Dios.
      2. Cuando nos lanzamos a juzgar a otros, nos metemos nosotros mismos en la situación de ser juzgados.
   B. Porque establecemos el criterio para nuestro propio juicio (v. 2).
      1. Dios nos advierte que lo que se aplique a uno se le aplicará al otro también.
      2. Esta es una fuerte amonestación.
   C. Debido a la incongruencia (contradicción) de tal juicio (vv. 3–5).

III. **La calificación (v. 6)**
   A. La conexión.

B. El significado:
  1. Están aquellos que son como perros y cerdos [no entienden].
  2. No debemos darles cosas preciosas.
  3. No sabrían qué hacer con ellas.
C. Las aplicaciones:
  1. Debemos saber diferenciar.
  2. Debemos aprender a discernir.
  3. Cristo nos llama a ser equilibrados en nuestra vida.

Conclusión

No juzgue, porque su vida está bajo la mirada escrutadora de Dios. ¿Cómo aparece su vida bajo la mirada de Dios? Él nos ve ahora mismo y nos seguirá viendo después.

LA REGLA DE ORO

Mateo 7:7–12

Introducción

Se dicen más cosas ridículas acerca de la Biblia que de ningún otro libro. Algunas de ellas son:

«Me gusta más la enseñanza de Cristo que la de Pablo porque Jesús es muy positivo.»

«El Sermón del Monte es un excelente código ético para vivir.»

«Viva su vida de conformidad con las normas de Cristo y con seguridad se verá realizado.»

Éstas y muchas otras declaraciones parecidas son ridículas. Veamos por qué.

I. **La conexión que precede**
   A. La prohibición: «No juzguéis» (7:1).
   B. Las razones:
      1. Para que usted no sea juzgado.
      2. Para que no establezca la medida de su propio juicio.
      3. Para que no se vea involucrado en esa incongruencia.
   C. Excepción: no podemos degradar a las personas sin conocer y examinar los hechos sino que debemos discernir cuidadosamente.

II. **La ayuda propuesta**
   A. Ante la imposibilidad.
      1. Somos llamados a cumplir con algo que es difícil (vv. 1–6).
      2. Tendemos a evadir tal responsabilidad.
   B. El significado.
      1. Se nos promete ayuda (v. 7).
      2. Se refuerza mediante repetición (v. 8).
      3. Se ilustra (vv. 9–11).
   C. La ampliación.
      1. Se extiende al área general de la oración.
      2. Dice cosas significativas.
      3. Una lección importante.

III. Se provee de un principio (v. 12)

A. Lo que dice:
1. «Así que...»: debido a que hay ayuda disponible.
2. «Todas las cosas»: tiene que ver con todas las áreas de la vida.
3. «Que queráis»: sus deseos.

B. Lo que quiere decir:
1. Haga con los demás lo que quiera que ellos hagan con usted.
2. Esto se aplica a todos los aspectos de la vida.
3. Esto es un resumen de la ley y los profetas.

C. Lo que implica:
1. Una norma positiva.
2. Una tarea difícil.

Conclusión

En vez de ser una ética bonita y suave, el Sermón del Monte se convierte en una especie de supervisor exigente. La experiencia humana nos demuestra que no somos capaces de dar la medida. Se necesita el poder de Dios para cumplirlo.

LO ANCHO Y LO ANGOSTO

Mateo 7:13, 14

Introducción

Cristo tenía la gracia de enseñar profundas verdades espirituales con ilustraciones sencillas. Este relato es un ejemplo.

I.   **El reto («Entrad por la puerta estrecha»)**
A. La aplicación comienza desde el principio.
B. Hay necesidad de entrar.
C. Hay una manera de entrar.

II.   **Los contrastes**
A. Diferentes entradas.
1. Una puerta ancha en comparación con una angosta.
2. Ilustración: la diferencia entre una puerta de arco amplia y una giratoria de esas que hay que entrar de uno en uno.
B. Diferentes caminos.
1. Uno espacioso en comparación con otro estrecho.
2. Ilustración: diferencia entre una autopista y una vereda.
C. Diferente popularidad.
1. Los muchos en comparación con los pocos.
2. Ilustración: diferencia entre los delanteros que meten goles y los defensas que pasan más desapercibidos.
D. Diferentes destinos.
1. La vida en oposición a la perdición.
2. Ilustración: el camino que no lleva a ninguna parte y aquel otro que le lleva a la cima de la montaña.

III. **La elección**
A. Es individual.
1. Por la puerta estrecha hay que entrar de uno en uno.
2. Cada persona enfrenta la decisión de entrar.

B. Es inteligente.
    1. Este es un asunto para pensarlo.
    2. No es algo que se hereda o se crece en él, etc.
C. Es irreversible.
    1. Es una decisión final.
    2. Hoy es el día de escoger y decidir.

Conclusión

Cristo invita a todos a entrar en el reino. Él dice que la puerta de entrada es angosta. Establece ciertas comparaciones. ¿Cómo podemos entrar? «Yo soy el camino … nadie viene … sino por mí» (Jn. 14:6). ¿Ha entrado usted en el reino?

LOS DOS CAMINOS

Mateo 7:13, 14

Introducción

La sociedad nos empuja a ser gente de «mente amplia». Eso significa ser tolerante y receptivo. El cristianismo censurador no favorece mucho la amplitud de mente. Una persona de mente amplia en un camino estrecho no se siente muy bien. La Biblia nos llama a ser «estrechos». Veamos lo que es el concepto bíblico de estrechez.

I. Una entrada angosta

A. Contraste.

B. Principio.
1. Hay que entrar por la puerta estrecha.
2. La estrechez hay que reconocerla: no tratamos de esconderla.

C. Está en oposición al pensamiento moderno.
1. Tratamos de disfrazar el cristianismo.
2. Intentamos atraer a otras gentes.
3. Esa es la razón de muchos problemas.

II. Un camino estrecho

A. Lo es continuamente.
1. Así desde el principio.
2. Y hasta el final: no se haga la ilusión de que las cosas van a mejorar.

B. Causas.
1. El mundo empuja por todas partes.
2. El enemigo anda emboscado.
3. El «hombre viejo» busca resurgir.

C. El reto.
1. Responderá a algunas de nuestras preguntas: «¿Por qué, Señor?»
2. Nos librará de desalientos y deserciones.
3. Nos ayudará a ajustar nuestro sistema de valores.
4. Cambiará nuestra manera de pensar y vitalizará nuestro cristianismo.

III. Una alternativa angosta

A. Hay certeza.
   1. La observación casual muestra que hay dos caminos.
   2. En realidad hay *sólo* dos caminos.
B. Comparación.
   1. La puerta ancha es popular.
   2. La puerta angosta es impopular.
C. Compara el final.
   1. El auténtico foco del asunto aparece aquí.
   2. El fin es evidente.
   3. El fin es el resultado del camino escogido.
D. Elección: se demanda una decisión inmediata.
   1. ¿Por qué puerta entrará?
   2. ¿Por qué camino andará?
   3. El destino y la felicidad eternos dependen de su decisión.

Conclusión

Dos asuntos cruciales aparecen aquí. El camino que elija determinará su futuro. *Hoy* se encuentra ante una encrucijada en el camino.

LA REGLA DE ORO

Mateo 7:12; Lucas 6:31

Introducción

Alguien ha dicho: «La regla de oro: si usted tiene el oro, usted impone las reglas.» La regla de oro es en realidad semejante a la Declaración de los Derechos Humanos: hay ahí mucho más de lo que parece a primera vista. Sin duda alguna significa y quiere decir mucho más de lo que parece en la superficie.

I. **Su contenido**
   A. Nótese cuán positivo es: lo «que queráis que los hombres hagan con vosotros, así también haced vosotros con ellos». No hay lugar para confusiones.
   B. Véase cuán amplio es: «todas las cosas», no deja nada fuera.
   C. Nótese su claridad.
   D. Véase lo razonable que es.
   E. Véase lo práctico que es.

II. **Su alcance**
   A. Abarca toda acción o inacción.
   B. Incluye los juicios: no debo juzgar a nadie con más severidad que la que quiero para mí.
   C. Incluye el hablar.
   D. Abarca la conducta en general.

III. **Su advertencia**
   A. A fin de hacerla adecuada, exacta y verdadera debemos tener alguna garantía de que lo que deseamos recibir de otros es lo que deberíamos desear.
   B. No debería llevarnos a omitir el castigo.

II. **Su reto**
   A. Es muy difícil.
      1. Por naturaleza no actuamos sino reaccionamos.
      2. Va a contrapelo de nuestra sociedad.
      3. Nos hace preocuparnos acerca de ser hipócritas.
      4. Nos ataca en nuestra debilidad y nos hace sentir que vamos a salir perdiendo.

5. Algunas veces permite que se aprovechen de nosotros.

B. Es muy beneficiosa.

1. Muestra que entendemos las enseñanzas de Jesús.
2. Evidencia que somos semejantes a Él en su carácter.
3. Nos lleva a hacer lo que es correcto sin importar lo que otros hagan.
4. Nos ayuda a impedir que otros manejen nuestra vida mediante su mala conducta.
5. Nos hace concentrar en actuar y no simplemente en reaccionar.
6. Nos mantiene enfocados en ser bíblicos.
7. No lleva la lista de lo que otros hayan podido hacer.

Conclusión

Le reto a que analice cinco de sus acciones, juicios, palabras, etc. durante cada día de los próximos siete para observar cuán fielmente obedece la regla de oro. Le reto también a que deliberadamente intente actuar cinco veces al día durante una semana conforme a la enseñanza de este versículo.

LAS COSAS QUE LOS HOMBRES NO HACEN
Mateo 7:24–29

Introducción

¿Ha observado alguna vez a alguien edificar una casa? Es interesante, ¿verdad? No nos sorprende ver a Jesús, puesto que era carpintero, usar la imagen de la construcción de una casa como ejemplo o parábola.

I. **El cuadro de la parábola**
   A. Dos hombres aparecen edificando casas.
      1. No se dice nada acerca de las casas, pero es muy probable que fueran semejantes.
      2. Los fundamentos sobre los que edificaron no se parecían en nada.
      3. Se evalúan dos hombres en este pasaje.
   B. Las casas tienen que pasar una prueba o examen.
      1. La lluvia, la inundación, el viento asaltan a ambas casas.
      2. El resultado final en ambos casos varía mucho.

II. **La interpretación de la parábola**
   A. La clave.
      1. La encontramos en la frase «cualquiera que me oye estas palabras» (v. 26).
      2. Oír y
         a. Hacer es edificar con un buen fundamento.
         b. Dejar de hacer es edificar sin cimientos sólidos.
   B. La explicación.
      1. Todo hombre edifica una casa en su vida.
      2. La diferencia se establece desde el principio.
      3. La edificación de cada hombre será puesta a prueba.
   D. La aplicación.
      1. Da la impresión de que aquí se enseña la salvación por obras.
      2. La verdad es que nadie puede guardar perfectamente los mandamientos hasta que no tiene un corazón nuevo, porque éstas son cosas que los hombres no hacen.

Conclusión

Todos estamos haciendo algo en relación con la religión. Todos edificamos una casa en la vida, ladrillo a ladrillo, día a día. Lo que edificamos será sometido a examen y prueba. Sólo cuando recibimos un corazón nuevo por medio de la fe en Cristo estamos echando buenos cimientos para nuestra casa.

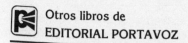

preparación del predicador, la preparación general del mensaje, la preparación de distintas clases de mensajes, y el predicador ante su auditorio y ante Dios. (8ª ed., 96 pp.)

DOSCIENTAS ANÉCDOTAS E ILUSTRACIONES — Dwight L. Moody

Aquí podrá leer las estremecedoras anécdotas e ilustraciones de Moody con las que mantenía la atención de la gente (19ª ed., 128 pp.)

EL OBRERO CRISTIANO NORMAL — T.S. (Watchman) Nee

Trata importantes y prácticos aspectos del ministerio de un verdadero cristiano. (5ª ed., 96 pp.)

NORMAS DE INTERPRETACIÓN BÍBLICA — Ernesto Trenchard

Da la normas para hacer una buena exégesis de cualquier pasaje bíblico, no sólo para enriquecer su propia alma sino también para poder ministrar la Palabra de Dios a otros con más autoridad. (4ª ed., 168 pp.)

PREDIQUE POR UN AÑO #1 — Roger F. Campbell

Ciento cuatro bosquejos de sermones bíblicos, ¡suficientes para predicar dos sermones cada domingo del año! Al final hay un índice completo de referencias bíblicas que guía al predicador a pasajes específicos. (224 pp.)